Christina Kleiner-Röhr

Vollkorn, Honig, Mandelkern

Das Vollwertbackbuch für die Weihnachtszeit

HÄDECKE VERLAG

Literaturnachweis:

„So feiern unsere Nachbarn“, aus „Das große Weihnachtsbuch“ von Martin Weltenburger, Südwest Verlag, München.
„Honigkuchen, Pfefferkuchen, Lebkuchen“, aus „Treffpunkt Nürnberg“, mit freundlicher Genehmigung des Verkehrsvereins Nürnberg.
„Weihnachtsglocken“ von Karl Stieler, aus „Deutsche Weihnacht“, 1980, Gondrom.

3. Auflage

ISBN 3-7750-0153-0

Fotos: Studio Gerlach, Frankfurt/Main
Titelfoto: Studio Gerlach, nach einer Idee von Monika Graff

Printed in Germany
Satz: Fotosatz Dieter Schradi, Tiefenbronn-Lehningen
Druck: Röck, Weinsberg, 1988

Inhaltsverzeichnis

Farbtafel, Seite 4/5, von hinten nach vorne: Norwegische Walnußkringel, Belgische Stangerln, Vanillekipferl, Nürnberger Lebkuchen, Spanische Pignoli, Schweizer Hörnchen, Baltische Zitronenaugen, Dänische Weihnachtstaler, Schwedische Julkuchen, Schottisches Buttergebäck, Englische Walnuß-Cookies, Französische Napoléons, Polnische Mokkaplätzchen, Amsterdamer Pitmoppen, Holländische gefüllte Spekulatius, Amerikanische Ingwerplätzchen.

Titelbild: Adventskalender – Dominosteine, mit Konfektmasse gefüllt und mit Marzipan überzogen, Rezept Seite 14/15.

Es weihnachtet sehr...

Es wird Weihnachten! Mein ganzes Haus riecht schon nach braunem Kuchen – versteht sich nach Mutters Rezept –, und ich sitze sozusagen schon seit einer Woche im Scheine des Tannenbaums. Ja, wie ich den Nagel meines Daumens besehe, so ist auch der schon halbwegs vergoldet. Denn ich arbeite jetzt abends nur in Schaumgold, Knittergold und bunten Bonbonpapieren; und während ich Netze schneide und Tannen- und Fichtenäpfel vergolde, und die Frauen, d. h. meine Frau und Röschen, Lisbeths Puppe ausputzen, liest Onkel Otto uns die „Klausenburg" von Tieck vor oder gibt hin und wieder eine Probe aus den Bilderbüchern, die Hans und Ernst auf den Teller gelegt werden sollen. Gestern abend habe ich sogar Mandeln und Citronat für die Weihnachtskuchen schneiden helfen, auch Kardemon dazu gestoßen und Hirschhornsalz. Den Vormittag war ich stundenlang auf den Bergen in den Wäldern herumgeklettert, um die Tannenäpfel zu suchen. Ja, ihr hättet mich sogar in meinem dicken Winter-Sürtout hoch oben in einer Tannenspitze sehen können. Freilich hatte ich mich vorher gehörig umgesehen; denn der Herr Kreisrichter durfte sich doch nicht auf einem ganz offenbaren Waldfrevel erwischen lassen.
Jeden Morgen, die letzten Tage, kommt der Postbote und bringt ein Päckchen oder einen Brief aus der Heimat oder aus der Fremde von Freunden. Die Weihnachtszeit ist doch noch gerade so schön, wie sie in meinen Kinderjahren war.
Wenn nur noch der Schnee kommen wollte; wir wohnen hier so schön einsam zwischen den Bergen, da müßte der Weihnachtsbaum, wenn er erst brennt, prächtig in die Winterlandschaft hinausleuchten...
Theodor Storm, „An die Eltern", 20.12.1856

Kindheits-erinnerungen

Schon Wochen vor dem Fest begann für uns Kinder die Freudenzeit. Nach Erledigung unserer Schulaufgaben trafen wir uns bei der Omi. In einem alten Schrank hatte sie für jedes Enkelkind ein Fach mit Handarbeiten, die am Heiligen Abend die Eltern, Tanten und Onkel erfreuen sollten.

Wir Kinder bastelten unsere eigenen Geschenke. Emsig gingen wir diesem Vergnügen nach. Großmutter erzählte Weihnachtsgeschichten, verwöhnte uns mit Bratäpfeln und ab und zu auch mit einem Gutsle. Zuhause fingen die Vorbereitungen zum Lebkuchenbacken an. In der großen Küche trafen sich Mutters Freundinnen und wir Kinder. Den Anfang machte das Abhülsen und Zerschneiden der Mandeln und das Zerkleinern der Sukkade. In eine riesengroße Schüssel wurden Mehl, Sirup, Honig, Mandeln, Rosenwasser nebst Hirschhornsalz und die übrigen Zutaten geschüttet und mit einem großen Holzlöffel aus Leibeskräften zu einem streichfähigen Teig gerührt.

Am anderen Tag – der Teig mußte über Nacht ruhen – entstanden dann die köstlichen Lebkuchen, mit Ei bestrichen und mit Sukkade und Mandeln belegt. Ei, wie sie dufteten und wie sie dann schmeckten! Zunächst verschwanden sie in großen Kaffeedosen. (In damaliger Zeit ließ man sich den Kaffee in großen Blechdosen aus Hamburg schicken.) Die Springerle und Zimtsterne schickten die schwäbischen Verwandten.

Die Woche vor Weihnachten, in der wir schon Ferien hatten, war die spannendste. Das Wohnzimmer durften wir Kinder nicht mehr betreten, die Erwachsenen aber auch nicht unser Kinderzimmer. Mein Bruder besorgte einen kleinen Weihnachtsbaum, der von uns allen geschmückt wurde und mitten auf dem großen Spieltisch stand. Liebevoll verpackten wir die bei Großmutter gebastelten Geschenke, beklebten sie mit Namenszetteln und legten sie um unser Bäumchen auf den Tisch. Je näher der Weihnachtstag kam, desto mehr nahm die Spannung zu. Alles Denken drehte sich um den Heiligen Abend. Zum Mittagessen gab es am 24. nur eine Brühe. Gegen 5 Uhr nachmittags erschienen wir alle festlich gekleidet in der Halle, in der auch der Flügel stand. Meine Großmutter spielte und wir sangen die von ihr eingeübten Weihnachtslieder, bis plötzlich ein Glöcklein läutete und sich die Wohnzimmertür öffnete.

Fasziniert starrten wir auf den Lichterbaum und erinnerten uns an Großmutters Geschichten. Die aus Süddeutschland stammende Omi erzählte uns nämlich, daß der erste Tannenbaum aus dem Elsaß kam und dann erst in den anderen europäischen Ländern seinen Einzug hielt. Wir sagten unsere Gedichte auf, und dann kam die mit Spannung erwartete Bescherung. Sie war ganz anders als heute. Puppen, nur in anderen Kleidern, zwei bis drei Weihnachtsbescherungen hindurch, spielten ihre Rolle. Auch unser Puppenhaus erschien jedes Jahr in neuem Glanz.

Das traditionelle Weihnachtsessen interessierte uns Kinder weniger. Karpfen oder Weißwürste in polnischer Sauce war für uns keine Gaumenfreude.

Ich erinnere mich, wir mußten einmal unserer Ansicht nach viel zu früh ins Bett, da heckten wir einen Plan aus. Brav gingen wir in unsere Zimmer, stellten den Wecker auf 3 Uhr und schliefen, bis es klingelte. Leise schlichen wir uns dann ins Weihnachtszimmer und spielten vergnügt weiter. Leider hatte mein Bruder in seinem Zimmer das Licht brennen lassen. Mein Vater bemerkte es und schickte uns ins Bett. Zur Strafe durften wir am ersten Feiertag nicht zum Frühstück erscheinen.

Advents-Hefekranz

Der Dezember heißt auch Christmonat, und Advent bedeutet Ankunft des Herrn auf Erden. Für dieses göttliche Kind wird im übertragenen Sinne gesponnen, gewebt, gestrickt, gehäkelt, gestickt.
Zu diesen Handarbeiten gehört auch der Adventskranz. Der Ringzauber, ob grün, aus Stroh, Keramik, Eisen, Lorbeer, Zapfen, Teig oder Konfekt. Hier wiederholt sich das Symbol des Alten und Absterbenden, das sich mit dem Neuen und Nachwachsenden verbindet.
Ich möchte Ihnen zwei Vorschläge machen; einen Hefekranz für das Frühstück und im folgenden Rezept einen Kranz aus Konfektstückchen.

Bereiten Sie einen Hefeteig zu aus:
500 g fein gemahlenem Weizen
1 Hefewürfel
2 Eiern
80 g Butter
2 Eßl. Honig
150–170 ml Milch
100 g Rosinen

Alle Zutaten werden in einer Schüssel gut vermengt und 1/2 Stunde an einen warmen Ort „zum Gehen" gestellt. Den Teig in zwei Teile teilen, zu Rollen formen, übereinander schlingen und zu einem Kranz zusammenlegen. Mit einem verquirlten Ei bestreichen und 20 Minuten bei 200° C backen.
Den Hefekranz am 1. Advent auf einem großen Teller, in dessen Mitte eine Kerze brennt, zum Frühstück servieren.

Adventskranz, mit Konfekt besteckt

Zutaten:
1 kleiner Styroporkranz
dicker Blumendraht
Gold- oder Silberfolie
200 g Mandeln, fein gemahlen
100 g Honig
100 g Datteln (entkernt), fein gemahlen
etwas Zimt
50 g gebräunte geriebene Mandeln

Zubereitung:
Aus den Mandeln, dem Honig, den Datteln und dem Zimt eine Masse bereiten, kleine Kugeln formen und in den gebräunten Mandeln wälzen.

Fertigstellung:
Vom Draht 5 cm lange Stücke abschneiden und in den Styroporkranz stecken. Die Konfektkugeln in die Folie hüllen und auf den Draht stecken. 4 Bänder zu Schleifen binden, diese mit etwas Blumendraht umwickeln, die Enden des Drahtes zusammendrehen und in den Kranz stecken. Den Kranz auf einen Teller stellen und mit einer brennenden Kerze in der Mitte am 1. Advent zum Tee servieren. Das ist auch ein schönes Geschenk für Großeltern und Freunde.

Hinweis: Der in den Rezepten verwendete Honig ist ein cremiger Blütenhonig, der in jedem Reformhaus und in guten Lebensmittelgeschäften erhältlich ist.

Adventskalender

Dominosteine, mit Konfektmasse gefüllt und mit Marzipan überzogen

(siehe Titelbild)

Zutaten:
10 Eigelb
10 Eiklar
200 g Honig
100 g frisch gemahlener Weizen
50 g Stärkemehl
50 g Kakao
80 g gehackte Mandeln
1/2 Teel. Zimt
1/4 Teel. gem. Gewürznelken
1 Prise Salz
2 Eßl. Cognac
80 g Butter

Zubereitung:
Die Eigelbe mit 150 g Honig schaumig rühren. Die Eiklar mit dem restlichen Honig zu Schnee schlagen und auf die Eigelbmasse gleiten lassen. Das Mehl mit der Stärke und dem Kakao, mit Mandeln, dem Zimt, dem Nelkenpulver und dem Salz mischen und unter die Eimasse heben. Den Cognac zufügen, die Butter zerlassen und lauwarm unter den Teig ziehen.
Den Teig auf einem mit Backpapier ausgelegten Blech glattstreichen und auf der mittleren Schiebeleiste 25 Minuten bei 180° C backen.

Rummarzipan oder für Kinder Orangenmarzipan

Zutaten:
200 g Mandeln
80 g Honig
1 Eßl. Rum oder 1 Eßl. Orangensaft
Abrieb einer ungespritzten Orange

Zubereitung:
Für die Füllung die Mandeln in der Moulinette sehr fein mahlen, den Honig zugeben und so lange weitermahlen, bis sich ein Kloß gebildet hat. Die Masse herausnehmen und den Rum oder den Orangensaft und den Orangenabrieb zugeben und alles gut vermengen.

Fertigstellung:
Den abgekühlten Boden halbieren. Eine Hälfte mit der Füllung bestreichen und die zweite Hälfte darauflegen. Eine Stunde in den Kühlschrank stellen.
Quadrate schneiden und diese mit einer Marzipanmasse überziehen.
Das Marzipan ebenso herstellen wie Rum- oder Orangenmarzipan, nur ohne Rum und ohne Orangensaft. Dann etwas Couvertüre im Wasserbad zerlassen, Papiertüllen aus Pergamentpapier herstellen, mit der zerlassenen Couvertüre füllen und Zahlen von 1–24 auf die Dominosteine spritzen (schreiben).
Die Dominosteine um einen großen Tortenteller legen, in dessen Mitte eine große Honigkerze steht. Der Beschenkte darf jeden Tag ein Stück essen.

Lebkuchen, S. 19, Lebkuchenmann, S. 46, Engel aus Spekulatiusteig, S. 22. ▷

So wie Sie am 1. Advent Ihre Lieben mit Köstlichkeiten verwöhnt haben, so sollten Sie am 4. Dezember an das denken, was am 24. Dezember Ihnen auf andere Weise Freude bereiten wird.
Bringen Sie sich selbst zur Zeit des Winterschlafs den Frühling ins Haus. Der 4. Dezember ist der Tag der heiligen Barbara. Sie ist die Schutzheilige der Bergleute, weil sie der Legende nach ihren Verfolgern entkam.
Ihr zu Ehren werden Kirschzweige über Nacht in lauwarmes Wasser gestellt und am nächsten Tag werden sie in einem besonders schönen Krug in frisches Wasser gesteckt. Zu Weihnachten brechen die ersten Knospen auf und bringen einem buchstäblich den Frühling ins Haus.

Nun möchte ich den 6. Dezember, den Tag des Nikolaus, zum Anlaß Ihres neuen Backvergnügens wählen. Der als Nikolaus bezeichnete Mensch war eigentlich der Bischof von Myra, der wegen seiner Freigiebigkeit verehrt und geliebt wurde. Ein Mann, an den man sich dankbar erinnern sollte, vor dem unsere Kinder keine Angst zu haben brauchen. In einem der Bücher von Dr. W. Lindenberg, einem russischen Arzt und Schriftsteller, las ich eine empfehlenswerte Verkleidung dieser Nikolauserscheinung. Den Kindern, denen man vorher die Legende erzählt hat, legt man Mantel, Mütze, Watte für den Bart und Stiefel bereit. Damit verkleiden sie selbst „ihren Nikolaus“. Dieser holt sich danach seinen mit Äpfeln, Nüssen und Lebkuchen gefüllten Sack und klopft an die Tür.

Lebkuchen

Zutaten:
500 g Honig
4 Eier
125 g gemahlene Haselnüsse
500 g frisch gemahlener Weizen
1 Päckchen Lebkuchengewürz
1 Messerspitze Zimt
1 Päckchen Zitronat
10 g Hirschhornsalz

Zubereitung:
Den Honig mit den Eiern schaumig rühren. Die anderen Zutaten nach und nach untermengen. Den Teig auf einem mit Backpapier ausgelegten Blech glattstreichen. Quadrate mit einem Messer anritzen und diese mit Mandelhälften sternförmig belegen. Die Lebkuchen auf der mittleren Schiene bei 180° C 30 Minuten backen. Die angedeuteten Quadrate ausschneiden und auf einem Kuchengitter auskühlen lassen.

Holler, boller, Rumpelsack

Holler, boller, Rumpelsack,
Niklas trug sein Huckepack,
Weihnachtsnüsse, gelb und braun,
Runzlich, punzlich anzuschaun.

Knackt die Schale, springt der Kern,
Weihnachtsnüsse eß ich gern.
Komm bald wieder in mein Haus,
Alter guter Nikolaus.

Kinderlied aus dem Hunsrück

Sinterklaas

Vier Wochen vor dem 5. Dezember kommt der Nikolaus (auf holländisch Sinterklaas) über das Wasser per Schiff aus Spanien nach Holland. Große Menschenmassen bereiten ihm im Hafen einen Empfang. Danach steigt er auf ein weißes Pferd, an jeder Seite begleitet von einem Knecht Ruprecht (Zwarte Piet), und reitet durch die Stadt.
Von diesem Augenblick an stellen die Kinder jeden Abend ihre Stiefel, gefüllt mit Stroh und Karotten für das Pferd, an den Ofen oder an die Haustür. Am nächsten Morgen sind die Stiefel geleert, das Stroh und die Karotten sind vom Pferd gefressen und der Nikolaus hat als Dankeschön einen Spekulatiusmann in den Stiefel gesteckt. Abends singen die Kinder Nikolauslieder, währenddessen streut der Nikolaus oder der Ruprecht eine handvoll „Pepernoten" durch den Schornstein. Die Wohnzimmertür wird einen Spalt weit geöffnet und eine behandschuhte Hand wirft „Pepernoten" in den singenden Kinderkreis.
Am Abend des 5. Dezember werden die Stiefel zum letzten Mal prall gefüllt mit Stroh, und voller Erwartung gehen die Kinder rechtzeitig zu Bett. In der Nacht reitet der Nikolaus über die Dächer und verteilt überall Geschenke. Am nächsten Morgen, dem 6. Dezember, rennen die Kinder ins Wohnzimmer, um zu schauen, was der Nikolaus gebracht hat. Sie können sich die Gesichtchen der Kinder vorstellen ...

Pepernoten

Zutaten:
125 g frisch gemahlener Weizen
50 g Honig
25 g Butter
1 Teel. Ahornsirup
1 Eßl. Sahne
1/2 Eßl. Lebkuchen- oder Spekulatiusgewürz
1 Prise Salz
1 Teel. Natron

Zubereitung:
Alle Zutaten gut vermischen und mit nassen Händen einen festen Teig kneten.
Daraus kleine Teigkügelchen formen (Daumenkuppengröße), auf ein mit Backpapier belegtes Backblech setzen und bei 180° C ca. 15 Minuten backen.

Fragt der Nicola:

Wie sich die Kinder das ganze Jahr hindurch verhalten haben?
Ob sie gerne beten?
Denen Eltern und Praeceptoribus gehorsam sein?
Ob zum Exempel der Hanserl und der Paul nicht zu faul?
Ob der Fränzerl und Ignazerl kein schlimmes Fratzerl?
Ob der Michel und der Six vielleicht gelernt nix?
Ob die Cätherl gern bei dem Räderl?
Ob die Sabindl gern bei der Spindl?
Ob die Lieserl und Thereserl nicht etwan zwei junge Eserl?

Abraham a Sancta Clara

Gefüllte Spekulatius

Zutaten:
600 g frisch gemahlener gesiebter Weizen
150 g gemahlene Mandeln
1 Päckchen Backpulver
250 g Honig, 3 Eiklar
1 Päckchen Spekulatiusgewürz, 300 g Butter

Zum Füllen:
400 g Honigmarzipan

Zum Bestreichen:
Eigelb und Sahne

Zum Belegen:
halbierte Mandeln, Rosinen oder Pistazien

Zubereitung:
Weizen, Mandeln und Backpulver gut vermischen und auf dem Backbrett zu einem Kranz formen. Honig, Eier und Gewürze in die Mitte geben und mit einem Teil des Weizens gut verkneten. Dann die sehr kalte, feinblättrig geschnittene Butter hinzufügen und alles schnell zu einem glatten Teig verkneten. Den Teig kaltstellen, bis er fest geworden ist und sich weiterverarbeiten läßt. Den Spekulatiusteig zu zwei Rechtecken auswellen. Honigmarzipan (S. 27) auf ein Backpapier setzen, ein zweites Backpapier darauflegen und das Marzipan ebenso groß wie den Spekulatiusteig auswellen. Das obere Papier abziehen, Marzipan auf den Teig legen, das Papier abziehen und mit der zweiten Teigplatte belegen.
Die Spekulatius in Rechtecke schneiden. Auf ein mit Backpapier ausgelegtes Blech setzen, mit Eigelbsahne bepinseln und mit geschälten, halbierten Mandeln, Rosinen oder Pistazien nach Belieben dekorieren.
Bei 180–200° C ca. 20 Minuten backen.

Amsterdamer Pitmoppen

Zutaten:
150 g Butter
100 g Honig
1 Ei
Abrieb von einer ungespritzten Zitrone
1 Messerspitze Backpulver
250 g frisch gemahlener Weizen oder
125 g Weizen und 125 g gemahlene Hirseflöckli

Zum Bestreichen:
1 Eigelb
etwas Wasser

Zum Belegen:
100 g geschälte halbierte Mandeln

Zubereitung:
Ein Backblech mit Backpapier auslegen. Die Butter schaumig rühren, den Honig, das Ei, den Zitronenabrieb und das mit Backpulver vermischte Mehl untermengen und alles zu einem Teig verkneten. Den Teig 2 Stunden kalt stellen. Dann 4 mm dick auswellen, runde Plätzchen ausstechen und diese auf das Blech setzen.
Eigelb mit etwas Wasser verquirlen und die Pitmoppen damit bestreichen. Jedes Plätzchen mit 3 Mandelhälften belegen.
Die Pitmoppen bei ca. 180° C etwa 10 bis 15 Minuten backen.

In Belgien schaut der Nikolaus am Vorabend, also am 5.12., zu den Kindern indirekt herein. Wenn sie singen, fliegt plötzlich die Tür auf und draußen liegen auf einem Laken Äpfel, Nüsse und Haselnußlebkuchen. Das ist eine gute Idee, wenn sich kein Freund oder Nachbar ermuntern läßt, als Nikolaus persönlich zu erscheinen.

Belgische Stangerln

Zutaten:
60 g frisch gemahlener Weizen
200 g ungeschälte geriebene Mandeln
3 Eßl. tiefgefrorene Himbeeren
100 g Honig
1 Ei
Saft und Schale einer ungespritzten Zitrone

Zum Ausrollen:
100 g gemahlene Haselnüsse

Glasur:
4 Eiweiß
100 g Honig
100 g geschälte grobgehackte Mandeln

Zubereitung:
Den Weizen mit den Mandeln, den aufgetauten Himbeeren, dem Honig sowie dem Ei, dem Zitronensaft, der Zitronenschale mischen und kneten. Den Teig auf den gemahlenen Haselnüssen ausrollen. Für die Glasur das Eiweiß steif schlagen und den Honig zufügen. Die Glasur über den ausgerollten Teig streichen und die gehackten Mandeln darüberstreuen. Den Teig in Streifen schneiden (2 cm breit, 6 cm lang) und auf ein mit Backpapier ausgelegtes Blech setzen und bei 200° C ca. 35–40 Minuten auf der mittleren Schiene backen.

Bischofsbrot

Zutaten:
200 g Butter
200 g Honig
etwas Vanille
4 Eier, getrennt
1 Prise Salz
250 g frisch gemahlener Weizen
75 g Mondamin
1 Päckchen Backpulver
2 Eßl. Rum
40 g Orangeat
40 g Zitronat
150 g Rosinen
150 g gemahlene Mandeln
Mandelblättchen zum Ausstreuen der Backform

Zubereitung:
Butter, Honig und Vanille schaumig rühren, nach und nach die Eigelbe, Salz, Weizen und Mondamin, mit Backpulver vermischt, dazugeben. Dann den Rum, das feingehackte Orangeat, Zitronat, die Rosinen und die Mandeln dazufügen. Zum Schluß die Eiklar zu Schnee schlagen und vorsichtig unter die Masse heben. Den Teig in einer gut gefetteten, mit Mandelblättchen ausgestreuten Kastenform bei 180° C 80–90 Minuten backen.

Früchtebrote

(ca. 4 Laibe)

Zutaten:
750 g frisch gemahlener Weizen
1 Würfel Hefe
1/2 Teel. Salz
ca. 3 Tassen Wasser
500 g getrocknete Zwetschgen, entsteint
250 g getrocknete Aprikosen, entsteint
250 g getrocknete Birnen
250 g getrocknete Datteln, entsteint
500 g getrocknete Feigen
3/4 l kochendes Wasser
500 g Rosinen
200 g Haselnüsse
200 g Walnüsse
25 g Zimt, 1 Teel. Anis
1 Teel. Fenchelsamen

Zum Verzieren:
Mandelhälften

Zubereitung:
Die Zwetschgen, Aprikosen, Birnen, Datteln und Feigen am Abend mit dem kochenden Wasser übergießen und über Nacht einweichen.
Am nächsten Morgen aus dem Weizen, der Hefe, dem Salz und dem Wasser einen Teig bereiten.
Diesen 1 Stunde gehen lassen.
In der Zwischenzeit die Trockenfrüchte gut abtropfen lassen, kleinschneiden und mit den grob gehackten Nüssen und den Gewürzen in den gegangenen Teig einarbeiten.

Mit nassen Händen kleine Laibchen formen, auf ein mit Backpapier ausgelegtes Blech setzen und mit den Mandelhälften verzieren.
Die Früchtebrote bei ca. 180° C etwa 1 bis 1¼ Stunde backen.
Die noch warmen Brote mit dem Früchte-Einweichwasser bestreichen.

Marzipan

Mandelmarzipan

100 g abgezogene Mandeln
50 g Blütenhonig

Die Mandeln in der Küchenmaschine sehr fein mahlen, den Honig zufügen und die Maschine so lange laufen lassen, bis sich ein Kloß gebildet hat.

Haselnußmarzipan

100 g Haselnüsse ohne Häutchen
50 g Blütenhonig

Zubereitung wie Mandelmarzipan.

Zubereitungszeit 5 Minuten.

Tip: Marzipanmasse kann als Vorrat im Kühlschrank aufbewahrt werden.

Baltische Zitronenaugen

Ergibt ca. 60 Stück.

Zutaten:
3 große Eigelbe
100 g Blütenhonig
Saft und Abrieb von einer Zitrone
1 Messerspitze Backpulver
300 g abgezogene gemahlene Mandeln

Zubereitung:
Die Eigelbe, den Honig, den Zitronensaft und -abrieb zu einer dicken, schaumigen Masse verrühren. Das Backpulver und die gemahlenen Mandeln unterrühren, bis ein dicker Brei entsteht. Den Teig in eine Backspritze füllen und kleine Häufchen auf ein mit Backpapier belegtes Blech spritzen. Auf jedes Häufchen 1/4 von einer kandierten Kirsche setzen.
Bei 175° C etwa 10 Minuten backen.
Abkühlen lassen und in gut verschließbaren Dosen aufbewahren.

Farbtafel, Korb, hinten: Norwegische gefüllte Walnußkringel, S. 38, Nürnberger Lebkuchen, S. 51, Amsterdamer Pitmoppen, S. 23, Spanische Pignoli, S. 61, Baltische Zitronenaugen, S. 30, Heidesand, S. 55, Vanillekipferl, S. 75. Korb, vorne: Nürnberger Lebkuchen, Englische braune Walnuß-Cookies, S. 43, Schweizer Hörnchen, S. 74, Schottisches Buttergebäck, S. 44, Spanische Pignoli, Französische Napoléons, S. 58, Belgische Stangerln, S. 24, Baltische Zitronenaugen, Amerikanische Ingwerplätzchen, S. 31, Holländische gefüllte Spezulatius, S. 22. ◁

Amerikanische Ingwerplätzchen

Zutaten:
100 g eingelegter Ingwer
1/2 Teel. Ingwerpulver
150 g Butter
80 g Honig
1 Ei
300 g frisch gemahlener Weizen

Zum Bestreichen und Verzieren:
1 Eigelb
etwas Sahne
50 g kleine Ingwerstückchen

Zubereitung:
Den Ingwer fein schneiden und mit dem Ingwerpulver, der Butter, dem Honig, dem Ei und dem Weizen zu einem glatten Teig verkneten und drei Stunden im Kühlschrank ruhen lassen.
Die Backbleche mit Backpapier auslegen.
Den Teig auf einer bemehlten Fläche etwa 1/2 cm dick ausrollen, mit einem Teigrädchen 4 x 4 cm große Stücke ausrädeln und auf das Blech setzen.
Das Eigelb mit der Sahne verquirlen, die Plätzchen damit bestreichen, mit Ingwerstückchen bestreuen und 15 Minuten bei 180° C backen.
Mit diesem köstlichen Gebäck verwöhnten uns amerikanische Freunde zu einem Orangentee am 1. Advent.

Apfelsinentäschchen

Zutaten:
275 g frisch gemahlener Weizen
1 Teel. Backpulver
1 Prise Salz
etwas Vanille
1 Ei
175 g Butter

Für die Füllung:
175 g Mandeln, abgezogen und gemahlen
100 g Blütenhonig
Saft und Schale von zwei ungespritzten Apfelsinen

Zum Garnieren:
Verquirltes Eigelb
Mandelblättchen

Zubereitung:
Aus den ersten Zutaten einen Mürbteig bereiten. Für die Füllung alles gut zusammenarbeiten. Den Mürbteig 3 mm dick ausrollen. Runde Plätzchen von 5–6 cm Ø ausstechen. Auf die eine Hälfte etwas Füllung geben, die andere Hälfte darüberklappen, andrücken und mit der Gabel kleine Vertiefungen in den Rand kerben. Mit Eigelb bestreichen, Mandelblättchen darüberstreuen und auf der zweiten Schiene bei 180° C in ca. 20 Minuten goldgelb backen.

Julenisser

Dem dänischen Weihnachtsmann, Jule mand, stehen um die Weihnachtszeit viele helfende Geister zur Seite. Man nennt sie Julenisser. Von alters her ist es in Dänemark Sitte, am Heiligen Abend eine Schüssel mit Haferbrei oder Milch für die Nisser bereitzustellen. Der Glaube an dieses kleine Volk stammt aus heidnischen Zeiten, als man noch in der Weihnachtsnacht die „Wilde Jagd" über den Schnee Skandinaviens hinwegbrausen hörte. Nun, heutzutage bringt man die Nisser ausschließlich mit Weihnachten in Verbindung, freundliche Wichtel, die den Bauern helfen und nett zu Kindern sind. Und das natürlich nur, wenn keiner vergißt, ihnen am Weihnachtstag und natürlich auch am Weihnachtsabend Essen hinzustellen.

In jedem dänischen Haushalt sind große und geheimnisvolle Pappschachteln versteckt, in denen die Familie den Christbaumschmuck aufbewahrt. Dieser Weihnachtsschmuck ist etwas Besonderes, weil er selbstgemacht ist. Sobald die Nächte länger werden, macht sich die ganze Familie mit Schere, Klebstoff und buntem Papier ans Werk, um Zapfen und Herzen, Körbchen und Glocken, Sterne und Engel aus Papier für den Christbaum zu machen; denn nach alter Sitte beginnt die Julzeit in Dänemark an dem Abend, wo die Familie mit dem Basteln anfängt.

Der berühmte Schriftsteller Hans Christian Andersen war besonders geschickt mit Schere und Papier, und manche glauben, daß er das durchgeflochtene Papierherz erfunden hat, das zu jedem dänischen Weihnachtsbaum gehört.

Am Heiligen Abend gibt es dann Gänsebraten, gefüllt mit Pflaumen und Äpfeln, der mit einer köstlichen Soße, gerösteten Kartoffeln und Rotkohl gereicht wird. Auch der Julegrød, ein Reispudding mit Zucker und Zimt, gehört zu den traditionellen Weihnachtsgerichten. In dem Pudding ist eine Mandel versteckt, und wer sie findet, erhält ein großes Marzipanschwein oder ein Extrageschenk.

Dänische Weihnachtstaler

Ergibt 80 Stück

Zutaten:
250 g Butter
300 g Blütenhonig
180 g geschälte, gehackte Mandeln
80 g Zitronat
1/2 Teel. gemahlene Gewürznelken
2 Teel. gemahlener Zimt
1/2 Teel. Ingwerpulver
5 g Pottasche
500 g frisch gemahlener Weizen

Zubereitung:
Die Butter, den Honig, die Mandeln, Zitronat, die Nelken, den Zimt, das Ingwerpulver, die Pottasche und den Weizen zu einem Teig verkneten. Aus dem Teig eine Rolle mit 5 cm ∅ formen.
Diese muß im Kühlschrank 24 Stunden ruhen.
Backbleche mit Backpapier auslegen.
1/2 cm dicke Scheiben von der Rolle schneiden und diese auf das Papier setzen.
Etwa 10 Minuten bei 200° C backen.

Lussibruden

Da in Schweden nach altem Glauben die Nacht zum 13. Dezember die längste und dunkelste des Jahres ist, erwählte man dort die heilige Luzia mit ihrem Kranz aus brennenden Kerzen zum Symbol des Lichtes für die langen dunklen Winternächte. Sie erhielt den Namen Lussibruden, Luzia-Braut. Dargestellt wird sie in Schweden von der jüngsten Tochter des Hauses. Am Morgen des 13. Dezember steht sie früh auf, noch ehe die Familie sich erhebt, und zieht ihr weißes Kleid mit der scharlachroten Schärpe an. Sie setzt eine Krone aus Preiselbeerblättern auf, an der große weiße Kerzen befestigt sind. Dann weckt die junge Lussi ihre Familie mit einem Liedchen, gibt jedem eine Tasse mit heißem Kaffee und dazu feines Zimtgebäck oder Blätterteigstücke.

Kerzen gehören unbedingt zum schwedischen Weihnachtsfest. Den ganzen Winter über spart man Kerzen für die Weihnachtszeit. Brennende Kerzen in den Fenstern der Bauernhäuser erleuchten den Kirchgängern ihren Weg zur Mitternachtsmette.

In Norwegen zündet man am Heiligen Abend die Kerzen an und läßt sie bis zum nächsten Morgen brennen. Und das tut man an jedem Abend wieder, bis zum Neujahrstag.

In Schweden hängen in den Fenstern der Häuser und Läden Adventssterne aus buntem Papier, und Sternsänger führen kleine Stücke auf, singen Lieder; einer von ihnen ist dabei als Ziege verkleidet.

Ziegen aus Stroh gehören in den skandinavischen Ländern überhaupt zur Weihnachtsdekoration, und in Finnland bringt eine zottige Ziege den Kindern ihre Weihnachtsgeschenke. Die Gaben werden in Schweden ganz geheimnisvoll überbracht. Ein rasches Klopfen, und schon werden die Geschenke durch die Tür

geschoben. Man nennt das Julklap, Weihnachtsklopfen. Die Kinder aber erhalten ihre Geschenke vom Jultomten, einem Gnom, ähnlich dem kleinen Julenisse in Dänemark.
Das Weihnachtsessen besteht aus gekochtem oder gebackenem Schinken, Rippenspeer und Schweinefuß, Würstchen, selbstgemachter Marmelade und Ingwerlebkuchen. Am Weihnachtstag selbst gibt es Lutfisk, ein besonderes Gericht aus getrocknetem Kabeljau, den man eingeweicht und gekocht hat und dann mit einer weißen Soße serviert.
Hölzernes Spielzeug, aus Papier geschnittene Figuren, geflochtene Strohgebilde, die Menschen und Tiere darstellen, sind die beliebtesten Geschenke der schwedischen Kinder. Viele schwedische Familien versammeln sich nach alter Sitte zum zeremoniellen „Doppa I Grytan“. Dabei ißt man Brot, das zuvor in die Brühe des Weihnachtsschinkens getunkt wurde.

Hefeblätterteig

Zutaten:
500 g frisch gemahlener Weizen
40 g Hefe
1/2 Teel. Salz
1/4 l Milch
60 g Butter
1 Eigelb

Zum Einarbeiten:
250 g kalte Butter

Zubereitung:
Aus allen angegebenen Zutaten einen Hefeteig herstellen und zum Aufgehen kühlstellen (vielleicht sogar im Kühlschrank). Dann den Teig kurz durchkneten und auf etwas frisch gemahlenem Weizenmehl auswellen. Die Butter in Stücke schneiden, darauf verteilen und einarbeiten, wie das bei Blätterteig üblich ist, d. h. so lange den Teig ausrollen und einschlagen usw., bis kein Fett mehr sichtbar ist. Eventuell zwischendurch kühlstellen.
Den Teig ausrollen und in die gewünschte Form bringen: z. B. Hörnchen, Dreiecke, Taschen, Rechtecke usw. daraus formen. Die Gebäckstücke auf ein ungefettetes, mit etwas Wasser bespritztes Backblech legen und bei 225° C ca. 15 Minuten backen.
Die Gebäckstücke können auch mit Marmelade oder Nußmus gefüllt werden.

Norwegische gefüllte Walnußkringel

Zutaten:
400 g frisch gemahlener Weizen
200 g Butter
200 g gemahlene Walnüsse
100 g Blütenhonig
2 Eßl. Cointreau

Zum Ausrollen:
100 g gemahlene Mandeln

Marzipanfüllung:
200 g abgezogene, gemahlene Mandeln
80 g Blütenhonig
1 Eßl. Cointreau
Abrieb von 1/2 Orange

Zubereitung:
Den Weizen, die Butter, die gemahlenen Walnüsse, den Blütenhonig und den Cointreau zu einem glatten Teig verkneten. 40 Minuten kalt stellen. Auf den gemahlenen Mandeln ausrollen. 5 cm große runde Plätzchen ausstechen. Die Plätzchen auf ein mit Backpapier ausgelegtes Blech setzen. In der Mitte mit einem Fingerhut nochmals ausstechen, damit Kringel entstehen.
Bei 175° C etwa 10–15 Minuten backen.
Aus Mandeln, Blütenhonig, Cointreau und dem Abrieb von 1/2 Orange ein Marzipan herstellen. Das Marzipan ausrollen, in der Größe der Walnußkringel ausstechen. Auf einen Walnußkringel legen und mit einem zweiten Walnußkringel belegen.

Diese gefüllten Walnußkringel eignen sich auch als Schmuck für den Weihnachtsbaum.

Schwedische Julkuchen

Ergibt 200 Stück

Zutaten:
250 g Butter
100 g Honig
1 Ei
400 g fein gemahlener Weizen
1 Teel. Backpulver

Zum Bestreichen:
1 Eiklar
1 Eßl. Honig
etwas gemahlener Zimt

Zum Belegen:
50 g Pinienkerne

Zubereitung:
Die Butter, den Honig, das Ei, den frisch gemahlenen Weizen und das Backpulver zu einem Teig verkneten. Rollen von ca. 6 cm Ø formen und diese über Nacht im Kühlschrank ruhen lassen.
Backbleche mit Backpapier auslegen, die Rollen in 1/2 cm dicke Scheiben schneiden und diese auf die Backbleche setzen.
Das Eiklar, den Honig und den Zimt vermengen und die Plätzchen damit bestreichen. Mit den Pinienkernen belegen und bei 180° C ca. 15 Minuten backen.

Knusperhäuschen, S. 47, Tannen-Sternbäume, S. 48, Gefüllte Tannenbäume und Waldtiere, S. 46. ▷

Santa Claus – Father Christmas

Der bekannte und weitgereiste Santa Claus hat vielerlei Namen. So heißt er in England „Father Christmas" – Weihnachtsväterchen – und trägt statt seiner amerikanischen Mütze mit der weißen Pelzquaste eine Kapuze. Im übrigen ist er auch dort derselbe lustige Gabenbringer, der mit seinem von acht Rentieren gezogenen Schlitten über die Dächer dahinbraust.

Sein Transportmittel ändert sich je nach Gegend und Klima. In Australien kommt er mit einem Brandungsboot am Bondi Strand in Sydney an, in London steigt er manchmal sogar aus einem Hubschrauber. Bergziegen hat er in manchen Gegenden Skandinaviens vor seinen Schlitten gespannt, oder er reitet auf Sleipnir, dem Pferd mit acht Beinen, über die verschneite Landschaft.

In der ganzen englischsprachigen Welt ist Weihnachten die Zeit der Familienfeiern, der Partys und des Schenkens. Man packt am Weihnachtstag die Geschenke aus, und zum Essen gibt es Truthahn, der im 16. Jahrhundert mit den spanischen Eroberern aus Mexiko nach Europa kam.

In England gibt es einen speziellen Weihnachtspudding. Früher war das ein fester Kuchen aus Rosinen, Wein, Gewürzen, Fleischbrühe, Rindertalg, Fruchtsaft und Schwarzbrot. Man aß auch Fleischpasteten aus Hammelfleisch, Huhn, Früchten, Eiern, Gewürzen und Ochsenzunge. Heute besteht so ein Weihnachtspudding aus Früchten, Rosinen und Gewürzen. Er wird brennend serviert und ist mit einem Stechpalmenzweig verziert.

Englische Orange-Walnuß-Cookies

Ergibt 80 Stück

Zutaten:
250 g Butter
200 g Honig
2 Eier
300 g frisch gemahlener Weizen
1 Teel. Backpulver
Abrieb von einer großen ungespritzten Orange
100 g geschälte geriebene Mandeln

Zum Bestreichen:
1–2 Eiklar

Zum Belegen:
Walnußhälften

Zubereitung:
Die Butter mit dem Honig schaumig rühren und nach und nach die Eier untermischen. Den Weizen mit dem Backpulver mischen und löffelweise unter den Teig mengen. Zuletzt den Orangenabrieb und die Mandeln unterkneten, den Teig zu einer etwa 6 cm dicken Rolle formen und 24 Stunden im Kühlschrank ruhen lassen. Backbleche mit Backpapier auslegen. Von der Teigrolle dünne Scheiben abschneiden, mit Eiklar bestreichen und jede Scheibe mit einer Walnußhälfte belegen.
Die Plätzchen auf die Bleche legen und bei ca. 180° C etwa 10 Minuten backen.

Schottisches Buttergebäck

Ergibt 100 Stück

Zutaten:
400 g frisch gemahlener Weizen
300 g Butter
200 g Honig

Zum Ausrollen:
50 g abgezogene, gemahlene Mandeln

Zubereitung:
Das Weizenmehl, die Butter und den Honig zu einem glatten Teig verkneten. Daraus auf den gemahlenen Mandeln vier 2 cm dicke Rollen formen. Zugedeckt über Nacht in den Kühlschrank stellen. Die Rollen in etwa 1/2 cm dicke Scheiben schneiden. Die Teigstückchen auf ein mit Backpapier belegtes Blech setzen. Jedes Plätzchen mit dem Daumen leicht eindrücken, so daß eine kleine Delle entsteht.
Das Buttergebäck bei 175° C in etwa 20 Minuten backen.
Abkühlen lassen und dann in gut verschließbare Dosen geben.

Weihnachtsglocken

O Winterwaldnacht, stumm und hehr,
Mit deinen eisumglänzten Zweigen,
Lautlos und pfadlos, schneelastschwer,
Wie ist das groß, dein stolzes Schweigen!

Es blinkt der Vollmond klar und kalt;
In tausend funkelharten Ketten
Sind festgeschmiedet Berg und Wald,
Nichts kann von diesem Bann erretten.

Der Vogel fällt, das Wild bricht ein,
Der Quell erstarrt, die Fichten beben;
So ringt den großen Kampf ums Sein
Ein tausendfaches banges Leben.

Doch in den Dörfern traut und sacht,
Da läuten heut' zur Welt hienieden
Die Weihnachtsglocken durch die Nacht
Ihr Wunderlied – vom ew'gen Frieden

Karl Stieler

Lebkuchenmänner

Zutaten:
500 g Honig, 4 Eier
125 g gemahlene Haselnüsse
500 g frisch gemahlener Weizen
1 Päckchen Lebkuchengewürz
1 Messerspitze Zimt
1 Päckchen Zitronat, 10 g Hirschhornsalz

Zubereitung:
Den Honig mit den Eiern schaumig rühren. Die anderen Zutaten nach und nach untermengen. Den Teig auf einem mit Backpapier ausgelegten Blech glattstreichen. Auf der mittleren Schiene bei 180° C ca. 30 Min. backen. Noch warm mit Hilfe einer Pappschablone Lebkuchenmänner in der gewünschten Größe ausschneiden.

Variante: Gefüllte Tannenbäume und Waldtiere

Auch sie eignen sich als Schmuck für den Weihnachtstisch oder für den Garten des Knusperhäuschens oder aber für „Weihnachten im Wald"!
Da meine Enkelkinder in Berlin wohnen und ein Knusperhäuschen schlecht zu verschicken ist, habe ich mir etwas ausgedacht, das gleichzeitig erzieherisch wertvoll und sehr praktisch ist.
Ich besorgte ein Büchlein über eine Waldweihnacht und legte Kohl und Nüsse in ein Päckchen, das sie am 24. schon nach dem Frühstück öffnen dürfen. Dabei werden sie aufgefordert, mit Kohl und Nüssen die Tiere im Wald zu verwöhnen.
Dem abgespannten Papi tut ein solcher Spaziergang

auch gut, und die Mami kann in aller Ruhe die letzten Vorbereitungen treffen, nämlich die gefüllten Tannenbäume und Tiere auf ein Tablett stellen.
So finden sie bei der Bescherung ihr Waldtiererlebnis wieder. Das hat auch den Vorteil, daß die Bäume und Tiere nach und nach gegessen werden.

Knusperhäuschen

Zutaten:
Rezept Lebkuchenmänner, S. 46
1 kleines Papphäuschen (Schablonen im Papierwarengeschäft erhältlich)

Zubereitung:
Die doppelte Menge des Rezeptes vom Lebkuchenmann backen. Abkühlen lassen.
Mit einem spitzen Messer aus dem Lebkuchenteig die Wände, das Dach und den Schornstein des Papphäuschens ausschneiden.
Aus 500 g abgezogenen Mandeln und 250 g cremigem Honig ein Marzipan herstellen.
Die Teile des Papphäuschens mit Marzipan bestreichen und fest zusammenkleben. Die Lebkuchenteile ebenfalls mit Marzipan bestreichen und diese fest andrücken.
Dann das Papphäuschen mit Marzipan bestreichen und die Lebkuchenteile ankleben.
Damit das Knusperhäuschen besser hält, an den Seiten mit Zahnstochern zusammenstecken.
Den Schornstein auf das Dach setzen.
Das Dach mit Walnußhälften belegen, die Seitenteile mit Trockenfrüchten und halbierten Mandeln.
Durch das Honigmarzipan hält sich das Knusperhäuschen über längere Zeit frisch.

Tannen-Sternbäume

Gefüllter Tannenbaum

Zutaten:
200 g Honig
2 Eier
1 Teel. Zimt
Abrieb von einer Zitrone
300 g frisch gemahlener Weizen
1/2 Päckchen Backpulver
2 Eßl. Öl

Zum Bestreichen:
2 Eigelb
1 Eßl. Sahne

Zum Verzieren:
50 g abgezogene Mandelhälften

Zum Zusammensetzen:
Honigmarzipan, siehe S. 27
Aus 100 g abgezogenen, gemahlenen Mandeln und 50 g Blütenhonig ein Marzipan herstellen.

Zubereitung:
Den Honig, die Eier, den Zimt, den Zitronenabrieb, den frisch gemahlenen Weizen, das Backpulver und das Öl zu einem glatten Teig verkneten.
Eine Stunde ruhen lassen.
2 Backbleche mit Backpapier auslegen. Den Teig etwa 3/4 cm dick auswellen, daraus Sterne in 6 verschiedenen Größen – Sternformen gibt es im Haushaltswarengeschäft zu kaufen – ausstechen, auf das Backblech setzen, mit dem Ei-Sahne-Gemisch bestreichen, mit den Mandelhälften belegen und bei 200° C etwa 10–15 Minuten backen.

In der Zwischenzeit aus dem Honigmarzipan 3/4 cm dicke 10 Pfennig große Plätzchen formen. Dann den größten Stern zuerst auf einen Holzstab spießen, darauf ein Marzipanplätzchen, dann den nächsten Stern und wieder ein Marzipanplätzchen und so weiter. Als Spitze eine Marzipankugel aufsetzen und diese mit drei Mandelhälften belegen.

Tip:
Diese Bäumchen sind als Weihnachtstischschmuck sehr dekorativ. Sie sind auch in verschiedenen Größen für den Garten des Knusperhäuschens gedacht.

Variante: Weihnachtsfamilie

Ob man jetzt die eigene Familie oder die Krippenfiguren aus Lebkuchenteig gestaltet, bleibt jedem selbst überlassen.
Rezept siehe gefüllter Tannenbaum, S. 46.
Aus Pappe Schablonen für die Lebkuchenfamilie ausschneiden. Den Honigkuchenteig 1/2 cm dick ausrollen, die Figuren darauflegen und jede zweimal ausschneiden und backen.
Honigmarzipan herstellen, dem man etwas Orangenabrieb oder fein gemahlene Aprikosen untermengen kann.
Die gebackenen ausgekühlten Figuren mit dem Marzipan füllen und mit Trockenfrüchten und Mandeln verzieren. Für den Kopf kann man auch den Kopf eines Bildes der gewünschten Person ausschneiden und mit Marzipan befestigen.
Die Figur wird auf einen Marzipansockel gestellt.

Honigkuchen, Pfefferkuchen, Lebkuchen

Schon die Antike kannte ein gewürztes Honiggebäck, das unserem Lebkuchen ähnlich war. Im deutschen Sprachraum erwähnt eine Handschrift des Klosters Tegernsee aus dem 11. Jahrhundert erstmals ein „pheforceltum“ (Pfefferkuchen), bevor 1293 die erste Lebzelterzunft im schlesischen Schweidnitz nachweisbar ist. Solche Zünfte kannten während des 14. Jahrhunderts schon Oppeln, Frankfurt, Basel, München und Wien.

Sicher wurden um diese Zeit in Nürnberg bereits Lebkuchen gebacken, zumal ja die Voraussetzungen hier sehr günstig waren. In den ausgedehnten Reichswaldungen rund um die Stadt gab es genug Fichten und Föhren, Eichen und Linden, Schlehdorn und Haselstauden, Seidelbast und Heidekraut, aus deren Blüten die Bienen den Nektar sammelten. Den fertigen Honig aber schnitten die „Zeidler“, die in einer ansehnlichen Zunft zusammengeschlossenen Wald- und Hausbienenzüchter, aus den in Astlöchern oder Felsspalten befindlichen Waben heraus. Das althochdeutsche „Zeidl“ bedeutete Honig, zu jener Zeit noch das einzige Süßmittel. Dank der weltweiten Handelsbeziehungen Nürnberger Kaufmannsgeschlechter fehlte es den Lebküchnern schließlich auch nicht an Pfeffer, Ingwer, Zimt und anderen Gewürzen. „Die Nürnberger Lebkuchen“, schrieb alsbald ein Chronist, „haben noch niemals, so sehr man sich auch drum bemühte, anderwärts nachgemacht werden können, ob man gleich alle Zutaten und Werkzeuge dazu verschrieben hat.“

Nürnberger Lebkuchen

Sonnenschlößchen Art

Zutaten:
2 Eier
200 g cremiger Honig
150 g grob gemahlene Mandeln
150 g grob gemahlene Haselnüsse
50 g Orangeat (fein geschnitten)
2 Eßl. Rum
1 Teel. Zimt
1 Messerspitze Nelkenpulver
1 Messerspitze Naturvanille
Saft von einer ungespritzten Zitrone

Backoblaten

Zum Garnieren:
Mandelhälften oder kandierte Früchte

Zubereitung:
Eier und Honig schaumig rühren und nach und nach mit den übrigen Zutaten vermengen.
Kleinere Häufchen auf Oblaten setzen, mit Mandelhälften oder kandierten Früchten belegen und auf einem Blech bei 200° ca. 25–30 Minuten backen.

Weihnachtstorte, S. 80. ▷

Haselnuß-Pfefferkuchen

Pfefferkuchen sind früher tatsächlich mit Pfeffer gewürztes Honiggebäck gewesen, weil der Pfeffer das teuerste Gewürz und deshalb gerade kostbar genug für eine Weihnachtsspeise war.

Zutaten:
500 g Blütenhonig
2 Eier, Zimt, 1 Prise Salz
500 g frisch gemahlener Weizen
125 g Haselnüsse, gemahlen
1 Päckchen Backpulver

Zum Bestreichen:
1 Eigelb
etwas Sahne

Zubereitung:
Honig etwas verflüssigen und wieder abkühlen. Die Eier in den Honig geben und leicht rühren. Gewürze, Haselnüsse, Weizen und Backpulver mischen und alles miteinander verrühren.
Den leicht streichbaren Teig auf einem gefetteten Blech verteilen, am besten mit feuchten Händen, damit er gleichmäßig gebacken wird.
1 Eigelb mit etwas Sahne verrühren und den Teig damit bestreichen. Bei 190° C ca. 25 Minuten backen und noch warm in die gewünschte Größe schneiden.
Anstelle von Eigelb/Sahne kann nach dem Backen auch ein Couvertüreüberzug aufgetragen und mit gehackten Mandeln bestreut werden.
Den Rand ringsum wegschneiden, damit keine Randstückchen entstehen.

Möchte man **Gewürzlebkuchen** haben, werden in einer elektrischen Kaffeemühle

2 Stangen Zimt
1 Stück getrockneter Ingwer in der Größe eines Teelöffels
1/2 Teel. ganzer Kardamom
1/2 Teel. ganzer Pfeffer
1/4 Muskatnuß, ca. 5 ganze Nelken

mehlfein gemahlen und unter den Teig gemischt.

Heidesand

Zutaten:
200 g Butter, 50 g cremiger Honig
50 g Honigmarzipan, 1 Messerspitze Vanille
Abrieb von einer Zitrone
250 g fein gemahlener Weizen

Zu Bestreichen:
1 Eigelb

Zum Ausrollen:
50 g gehackte Mandeln

Zubereitung:
Die Butter mit Honig, Marzipan, der Vanille, dem Zitronenabrieb und dem Weizen zu einem Teig verkneten. Aus dem Teig gleich große Rollen von etwa 6 cm ∅ formen und über Nacht im Kühlschrank ruhen lassen.
Die Backbleche mit Backpapier auslegen. Die Teigrollen rund herum mit dem Eigelb bestreichen und in den gehackten Mandeln wälzen.
1/2 cm dicke Scheiben abschneiden, diese auf Backbleche setzen und bei 200° C 10–15 Minuten backen.

Der Schafhirt von Les Baux

Viele Kinder in Frankreich stellen am Heiligen Abend ihre Schuhe neben den Kamin, damit Père Noël, der Weihnachtsmann, seine Geschenke hineintun kann.
Am lustigsten geht es an Weihnachten in Südfrankreich zu. Da brennt im Kamin ein riesiger Holzklotz vom Weihnachtsabend bis zum Neujahrstag. In alten Zeiten machte man aus dem restlichen Holz dann später die Schar für den Pflug und hoffte, daß so das kommende Jahr eine gute Ernte bringen werde.
Die provençalischen Kinder sammeln Steine, Zweige und Moos für ihre Weihnachtskrippen, die dann in allen Häusern und Kirchen stehen. Kleine Tonfiguren, die Santons, stellen die Heilige Familie und andere Gestalten der Weihnachtsgeschichte dar. Hoch oben auf einem Felsen der Provence liegt die Ruinenstadt Les Baux mit ihrer verfallenen Burg. Die Fürsten von Les Baux führten ihre Herkunft auf Balthasar zurück, einen der Weisen aus dem Morgenland. Zur Weihnachtszeit kommen die Gläubigen zur berühmten Christmette, die in der kleinen Kirche St. Vincent zelebriert wird. Angeführt von drei Männern mit Pfeifen und Trommeln ziehen sie in die Kirche ein, während ein Chor in der Volkstracht von Arles Weihnachtslieder singt.
Um Mitternacht legt der Priester eine Wachspuppe, die das Jesuskind darstellt, in die Krippe. Maria, Joseph und die zehn Engel werden von Leuten aus der Umgebung gespielt. Dann kommt ein Schafhirte in seinem Umhang mit dem schönsten Widder des Dorfes herein. Das Tier trägt eine Glocke um den Hals und zieht einen Wagen aus Olivenholz.
Holzbögen mit brennenden Kerzen sind als Baldachin

über den Wagen gespannt, der mit immergrünen Zweigen und roten Bändern geschmückt ist. Im Wagen liegt ein neugeborenes Lamm, das dem Christuskind als Gabe dargebracht wird.
Wenn am Weihnachtsabend in Frankreich die Kleinen schon ins Bett gegangen sind, gehen die älteren Kinder mit ihren Eltern zur Mitternachtsmette. Danach setzen sich alle zu einem späten Abendessen nieder, das Le Réveillon genannt wird. Dazu hat jeder Landesteil sein eigenes Gericht. Im Elsaß zum Beispiel hat die Gans den Ehrenplatz auf dem Tisch, während die Bretonen Buchweizenkuchen mit saurer Sahne servieren. Und in Burgund besteht das Hauptgericht aus Truthahn und Kastanien. In Paris ißt man Austern, Gänseleberpastete und Boudin, eine Weiß- oder Rotwurst. In ganz Frankreich aber reicht man zum Nachtisch einen Kuchen*, der mit Mokka- oder Schokoladencreme überzogen ist.

* Anmerkung: Bûche de Noël (Weihnachtsscheit)

Französische Napoléons

Ergibt ca. 60 Stück

Zutaten:
250 g frisch gemahlener Weizen
1 Messerspitze Backpulver
2 Eigelb
1 Eßl. Wasser
100 g cremiger Honig
Abrieb von einer ungespritzten Zitrone
100 g Butter

Zum Ausrollen:
50 g gemahlene Mandeln

Füllung:
100 g fein gemahlene Haselnüsse
50 g Honig
50 ganze Haselnüsse zum Garnieren

Zubereitung:
Das Weizenmehl mit dem Backpulver vermischen, mit dem Eigelb, dem Wasser, dem Honig, dem Zitronenabrieb und der Butter zu einem glatten Teig verkneten. 30 Minuten kaltstellen. In der Zwischenzeit die gemahlenen Haselnüsse mit dem Honig zu einem Haselnußmarzipan verkneten.
Den Teig auf den gemahlenen Mandeln dünn ausrollen. Runde Plätzchen von 4–5 cm ∅ ausstechen. In die Mitte eines jeden Plätzchens eine kleine Kugel Haselnußmarzipan geben. Die Plätzchenränder an drei Seiten zusammendrücken. In die Mitte je eine Haselnuß setzen. Die Plätzchen auf ein mit Backpapier ausgelegtes Blech setzen, etwa 15–20 Minuten bei 170–180° backen.

Das Weihnachtsscheit

geht auf den Wunsch unserer Vorfahren zurück, daß das Feuer im Ofen niemals ausgehen darf. Als Biskuitroulade mit Zimtsahne oder Nußsahne gefüllt, mit Mokkacreme oder Nußsahne überzogen und mit einer Gabel geriffelt, sieht das Gebäck wie ein Holzscheit aus.

Zutaten:
6 Eier, getrennt
5 Eßl. Wasser
3 Eßl. Honig
150 g frisch gemahlener Weizen
1 Teel. Backpulver

Fülle:
1½ Becher Sahne
1 Eßl. Honig
geröstete, fein gemahlene Nüsse

Zubereitung:
Ein Backblech mit Backpapier auslegen. Eigelb, Wasser und Honig 10 Minuten schaumig rühren. Die Eiweiß steif schlagen und mit dem Backpulver-Weizen-Gemisch zusammen verrühren. Den Teig wie üblich abbacken (bei 200–225° C ca. 10–12 Minuten) und auf ein großes Küchenhandtuch stürzen. Das Papier abziehen und die Rolle aufrollen, wenn sie erkaltet ist. Mit ¾ der Nußsahne füllen, mit der restlichen Nußsahne überziehen und eventuell wie oben beschrieben verzieren.

Posadas vor Weihnachten

In Spanien ist der Heilige Abend eine Zeit der Andacht. Am Weihnachtstag gibt es ein Festessen aus Mandelsuppe, getrüffeltem Truthahn und Kastanien, zum Abschluß *turròn*, eine Nougatspeise.
Am Dreikönigstag stecken die Kinder Stroh in ihre Schuhe und stellen sie auf den Balkon, damit die müden Kamele der Heiligen Drei Könige sich daran stärken und ihnen dafür Geschenke geben können.
Das mexikanische Weihnachten ist aber keineswegs, wie das spanische, ein stilles Fest. Dort wird neun Tage lang gefeiert, vom 16. Dezember bis zum Heiligen Abend. Acht Nächte lang veranstalten die Mexikaner *posadas*, feierliche Zeremonien, die ihren Ursprung in dem spanischen Glauben haben, daß Maria und Joseph auf ihrem neun Tage langen Weg von Nazareth nach Bethlehem keine Herberge fanden. Acht Tage lang bewegt sich die Prozession mit Kerzen und Liedern singend von einer Tür zur anderen und bittet um Obdach, und immer wird es ihr versagt. Wenn aber in der neunten Nacht einer an eine Tür klopft, öffnet sie sich weit, und Willkommenslieder tönen der Prozession entgegen. Nach jeder dieser Zeremonien wird gefeiert. Aber die neunte, die Heilige Nacht, ist die schönste von allen, voller Spaß und Fröhlichkeit, wenn die Feuerwerke abgebrannt werden.

Spanische Pignoli

Ergibt ca. 60 Stück

Zutaten:
250 g geschälte, geriebene Mandeln
200 g Blütenhonig
3 Eiklar
Abrieb einer ungespritzten Zitrone
100 g geschälte, geriebene Mandeln

Zum Bestreichen:
1 Eiklar
100 g Pinienkerne
50 g Honig
1 Eßl. Wasser
1 Schnapsglas Rum

Zubereitung:
Das Blech mit Backpapier auslegen.
Die Mandeln mit dem Honig, dem Eiklar und dem Zitronenabrieb verrühren. Alles in einen Topf geben und bei milder Hitze erwärmen, bis eine formbare Masse entsteht.
Den Teig abkühlen lassen und noch 100 g geschälte, geriebene Mandeln zugeben, zu einer Rolle formen. Von der Rolle ca. 60 gleich große Stücke abschneiden, aus jedem Stück ein Hörnchen formen und mit dem verquirlten Eiklar bestreichen. Die Pinienkerne über die Hörnchen streuen und etwas in den Teig drücken, damit sie beim Backen nicht abfallen.
Die Hörnchen auf das Backblech legen und 15 Min. bei 180–200° C backen.
Den Honig mit dem Wasser und dem Rum verrühren und 5 Minuten vor Ende der Backzeit die Hörnchen mit dem Rumguß bestreichen.

La Befana

Am Epiphaniasfest, dem 6. Januar, bekommen die italienischen Kinder ihre Geschenke. Eine alte Hexe, La Befana genannt, bringt sie ihnen. Einer Legende zufolge war die Befana gerade bei der Hausarbeit, als die Weisen aus dem Morgenlande bei ihr einkehrten. Sie war so beschäftigt, daß sie ihnen nicht ihre Gastfreundschaft anbot. So zogen die drei Weisen weiter auf ihrem Weg nach Bethlehem, und La Befana dachte, sie würden ja auf dem Rückweg wieder vorbeikommen. Die drei Weisen aber kehrten auf einem anderen Weg in ihre Heimat zurück; La Befana sah sie nie wieder. Zur Strafe muß die alte Hexe nun für immer nach dem Jesuskind suchen und in jedem Haus ein Geschenk hinterlassen für den Fall, daß es dort sein sollte.
Heutzutage fliegt die Befana am Heiligen Abend auf ihrem Besen von Haus zu Haus und schlüpft die Kamine hinunter, um die Schuhe der guten Kinder mit Geschenken und die der bösen mit Kohlen zu füllen.
Am Abend des 5. Januar ziehen Musikanten durch die Straßen, singen vor den Häusern und spielen dazu auf der Violine oder dem Dudelsack ein Lied, die Befanata. Für ihre Mühe erhoffen sie sich ein kleines Geschenk oder etwas zum Essen. Einer der Musikanten ist dann meist als Befana verkleidet.
Mit Trompetengeschmetter, Freudenfeuern und Umzügen wird die Befana in Florenz angekündigt; und in Rom ist die Piazza Navona, wo die Geschenke für die Epiphaniasfeiern verkauft werden, festlich geschmückt. In Verona und dem nordöstlichen Italien bringt am 13. Dezember Santa Lucia, von ihrem Esel begleitet, die Geschenke der Kinder, und schon drei Tage vorher sind in den größeren Städten Venetiens Marktbuden aufgeschlagen, die Geschenke feilbieten.

Neujahr wird in Italien mit großem Aufwand gefeiert, während das Weihnachtsfest nur der Familie gehört. Am Heiligen Abend findet sie sich zum *cenone*, dem Festessen, zusammen. Es besteht hauptsächlich aus Fischgerichten. Dazu reicht man Ravioli mit Kürbisfüllung oder Spaghetti mit Gemüse.

Panettone

Dies ist das klassische italienische Weihnachtsgebäck, das in der Zeit zwischen Weihnachten und Neujahr als Dessert aufgetragen wird. Man ißt es zum Spumante oder zum Espresso.

Zutaten:
500 g frisch gemahlener Weizen
20 g Hefe
1/8 l lauwarmes Wasser
Abrieb einer ungespritzten Zitrone
100 g Blütenhonig
125 g Butter
6 Eigelb
etwas Salz
50 g Zitronat
50 g Orangeat
100 g Sultaninen

Zum Ausstreuen:
gemahlene Mandeln

Bitte umblättern

Panettone, S. 63, Mailänder Makronentorte, S. 66. ▷

Zubereitung:
Aus den genannten Zutaten einschließlich Salz einen Hefeteig herstellen und eine Stunde gehen lassen. Sukkade kleinhacken, mit den Sultaninen unter den Teig mengen und noch einmal gehen lassen. Eine Gugelhupfform gut ausfetten und mit gemahlenen Mandeln ausbröseln. Den Teig in die Form geben, ein drittes Mal gehen lassen, die Oberfläche kranzförmig einschneiden und bei 180° C ca. 50 Min. backen. Nach 30 Minuten Backzeit 2- bis 3mal mit zerlassener Butter bestreichen.

Mailänder Makronentorte

Zutaten:
6 Eigelb
3 Eßl. warmes Wasser
100 g Honig
Abrieb einer ungespritzten Zitrone
4 Eiweiß
80 g frisch gemahlener Weizen
20 g gemahlene Hirse
120 g geschälte, gemahlene Mandeln

Für die Fülle:
300 g mit Honig gesüßte Himbeermarmelade mit 1 Teel. Zitronensaft verrühren

Zum Verzieren:
400 g Honigmarzipan, Rezept S. 27
3 Eigelb, 1 Eßl. Rum, 1 Eiklar
Mandelblättchen

Zubereitung:
Den Boden einer Springform mit Backpapier auslegen.
Die Eigelbe mit dem Wasser und einem Drittel des Honigs und dem Zitronenabrieb schaumig rühren. Die Eiklar steif schlagen und während des Schlagens den restlichen Honig zufügen.
Den Eischnee unter die Eigelbmasse heben. Den Weizen und die Hirse darüberstreuen und mit den Mandeln unter den Teig ziehen. Den Teig in die Springform füllen und bei 180° C ca. 30 Min. backen.
Die Torte über Nacht ruhen lassen und am nächsten Tag zweimal waagerecht durchschneiden.
Den ersten Boden mit der Himbeermarmelade bestreichen, den zweiten Boden daraufsetzen, ebenso bestreichen und mit dem dritten Boden abdecken.
Das Honigmarzipan mit den Eigelben und dem Rum schaumig rühren. Die Masse in zwei Hälften teilen. Die eine Hälfte mit dem Eiklar verrühren und mit dieser flüssigen Masse die Torte überziehen.
Dann die Torte kurz unter den Grill geben.
Der anderen Hälfte noch so viel gemahlene Mandeln zufügen, daß sie sich spritzen läßt. Dann in einen Spritzbeutel füllen und die Torte nach Belieben spritzen. Noch einmal unter den Grill geben, bis das Marzipan leicht zu bräunen beginnt.
Den Rand der Torte mit Mandelblättchen bestreuen.
Man kann auch die einzelnen Böden mit Marzipan überziehen, damit die Marmelade nicht durchdringt.

König Wenzel

Viele Geschichten und Legenden erzählen von den Wundern, die König Wenzel vollbrachte. So soll er am 26. Dezember, dem Tag des heiligen Stephan, in die bittere Kälte hinausgegangen sein, um einem armen Bauern Essen zu bringen. Es blies ein eisiger Wind, um Wenzel herum aber war die Luft so warm, daß der tiefe Schnee unter seinen Füßen schmolz und sein kleiner Page mühelos in seinen Fußstapfen folgen konnte. Auch in einem englischen Weihnachtslied wird diese Legende wiedergegeben. So kommt es, daß man auch dort des guten Königs Wenzel gedenkt, wo es gesungen wird. Seine flotte Marschmelodie steht jedoch im Gegensatz zu dem stillen, religiösen Weihnachtsfest der Tschechoslowakei. Nach einem Tag des Fastens gibt es in den tschechischen Familien ein Weihnachtsmahl mit gefülltem Karpfen.

Karlsbader

Ergibt ca. 90 Stück

Zutaten:
150 g Butter
180 g frisch gemahlener Weizen
1 Eßl. Wasser
100 g geschälte, gemahlene Mandeln
Abrieb einer ungespritzten Zitrone

Für die Füllung:
150 g getrocknete Aprikosen
50 g Blütenhonig

Zubereitung:
Die Butter, den Weizen, das Wasser, die Mandeln und den Zitronenabrieb mischen und „liebevoll" kneten. Den Teig eine Stunde im Kühlschrank ruhen lassen. In der Zwischenzeit aus den Aprikosen und dem Honig in der Moulinette die Füllung zubereiten.
2 Backbleche mit Backpapier auslegen.
Den Teig in kleinen Portionen auf etwas Vollkornmehl ausrollen und mit einem Glas Plätzchen von 5 cm ⌀ ausstechen.
Diese auf das Blech setzen, mit Eigelb bestreichen und bei 200° C 20–25 Minuten backen.
Zwischen die abgekühlten Plätzchen die Aprikosenfüllung streichen.

Östliche Weihnacht

Dem Heiligen Abend geht auch in Polen ein Fasttag voraus. Doch wenn der erste Stern am Abendhimmel erscheint, setzt man sich zum *Wilia*-Essen nieder. Auf dem Fußboden und unter dem Tischtuch ist Heu ausgestreut zur Erinnerung an den Stall von Bethlehem. Der *Oplatek*, eine dünne Oblate aus Brotteig, auf der das Kindlein in der Krippe, Maria und Josef zu sehen sind, wird vom Vater gebrochen. Der reicht sie dem nächsten am Tisch, und so bricht sich jeder ein Stück davon ab. Diese Oblaten schickt man mit der Post auch an ferne Familienangehörige.

Nach dem Essen versammelt sich die Familie um den Weihnachtsbaum und singt Lieder. Schon lange vorher haben die polnischen Kinder Briefe an die Weisen aus dem Morgenland oder an Mütterchen Stern auf die Fensterbank gelegt, und am 6. Dezember schon haben sie ihre Geschenke erhalten.

In Bulgarien und Rumänien beginnen die Weihnachtsfestlichkeiten mit dem Erscheinen des ersten Sterns, und am Heiligen Abend bekommt jedes Kind in der Schule eine Tüte mit Bonbons, die in buntes, ausgefranstes Papier eingedreht sind. Solche Bonbons hängen in Ungarn an den Weihnachtsbäumen.

Wenn in Jugoslawien der Heilige Abend naht, schneidet man noch vor Tagesanbruch Eichenstämme und trägt sie in feierlicher Prozession bei Kerzenlicht nach Hause. Jeder schmückt seinen Stamm mit Blättern, Blüten und roten Seidenbändern. Beim Einzug in das Haus wird er mit Korn und Wein überschüttet, in den Kamin gelegt, und dort brennt er bis zum Weihnachtsmorgen.

Polnische Mokkaplätzchen

Zutaten:
125 g Butter
140 g frisch gemahlener Weizen
90 g Honig
1 Ei
60 g gemahlene Haselnüsse
1 Messerspitze Vanille
2 Eßl. Pulverkaffee

Zubereitung:
Alle Zutaten gut mischen und zu einem Teig kneten.
Kleine Häufchen auf ein mit Backpapier belegtes Blech setzen.
Bei ca. 200° C 15 Minuten auf der mittleren Schiene backen.
Mit etwas zerlassener Butter bepinseln.

Babuschka

Babuschka ist das russische Wort für Großmutter. Sie ist eine alte freundliche Frau, die Kinder sehr gern hat. Die Legende erzählt, daß die Babuschka in einer kalten Winternacht in ihrer Hütte ein mächtiges Feuer aus Tannenholz schürte. Sie setzte sich davor und wärmte sich, und war froh, dem kalten Wind draußen entronnen zu sein. Als sie so wohlig vor sich hindämmerte, klopfte es an die Tür. Draußen standen drei alte Männer mit kostbaren Geschenken und erklärten, sie folgten einem Stern, der sie nach Bethlehem führe. Dort sollten sie dem Jesuskind ihre Geschenke darbringen. Ob Babuschka sie nicht begleiten möge? Aber die Babuschka schüttelte den Kopf, denn sie war alt und müde und einer so langen Reise nicht mehr gewachsen.
So verließen die Weisen Babuschka, und sie setzte sich wieder bei ihrem Feuer nieder. Aber sie fand keine Ruhe mehr. Am nächsten Morgen legte die alte Babuschka Spielzeug und Geschenke in ihren Korb und machte sich auf den Weg, die Weisen zu suchen. Aber in der Nacht war Neuschnee gefallen und nirgends gab es Spuren oder Zeichen, denen sie hätte folgen können. Sie fragte viele Leute und war viele Tage unterwegs, aber die Weisen fand sie nicht. Seither muß die Babuschka an Weihnachten von Haus zu Haus gehen. Sie bringt den Kindern Spielzeug, murmelt: „Weiter, Babuschka, weiter ...“ – und schon ist sie wieder fort.
In Rußland feiert man bis heute Weihnachten am 6. Januar, sowie sich abends der erste Stern am Himmel zeigt.
Früher war es ein streng religiöses Fest, auf das man sich mit Fasten und Gebeten vorbereitete. Erst nach dem Kirchgang am Heiligen Abend setzte sich die Familie zu Tisch. Es gab Fisch und Gemüse, Fleisch war nicht

erlaubt. Aber ein Nachtisch aus Trockenfrüchten, Reis und Mohnsamen stand bereit. Der Tisch wurde mit Stroh bedeckt zum Gedenken an den Stall von Bethlehem. Darüber breitete man ein Tischtuch.
Am Weihnachtstag, nach der Christmette, öffneten die Kinder die verschnürten Päckchen mit Geschenken und aßen Orangen, die zu Weihnachten für sie bereitlagen. Und dann erfreuten sich alle bei einem ausgedehnten Festessen an Gänsebraten, Spanferkel und anderen Fleischsorten. Zu jedem russischen Haus gehört der Weihnachtsbaum mit Stern und Geschenken.

Russische Nuß-Piroschki

Zutaten:
1 Paket Vollkornblätterteig aus dem Reformhaus

Für die Fülle:
200 g geriebene Haselnüsse, 50 g Mandelsplitter
100 g Honig, 2 Eßl. Rum, 3 Eiklar

Zum Bestreichen: 2 Eigelb, 1 Eßl. Sahne

Zum Bestreuen: Mandelsplitter

Zubereitung:
Für die Fülle die Haselnüsse, die Mandelsplitter, den Honig, den Rum und die Eiklar vermengen. Den Blätterteig auswellen, 8 cm lange und 6 cm breite Rechtecke ausrädeln, mit der Fülle bestreichen, rechts und links einschlagen und aufrollen. Mit der Eigelbsahne bestreichen und mit den Mandelsplittern bestreuen.
Die Piroschki auf ein mit Backpapier ausgelegtes Blech setzen und bei 200° C etwa 15 Minuten backen.

Schweizer Hörnchen

Zutaten:
400 g Marzipan, Rezept S. 27
200 g Honig
Schale einer unbehandelten Zitrone
20 g frisch gemahlener Weizen
3 Eiklar
200 g Haselnußkerne
Backoblaten (20 x 12 cm)

Dunkles Marzipan:
100 g geschälte, gemahlene Mandeln
50 g Honig
1 Teel. dunkler Kakao

Zubereitung:
Das Marzipan, den Honig, die Zitronenschale und den Weizen in eine Schüssel geben und miteinander verkneten. Die Eiklar mit den Quirlen des Handrührers auf der niedrigsten Stufe nach und nach unterrühren – die Masse soll nicht schaumig werden. Zugedeckt 2 Stunden in den Kühlschrank stellen. Die Haselnußkerne auf einem Backblech verteilen und im Backofen bei 175° C ca. 10–15 Min. rösten. Die Nüsse in ein Drahtsieb schütten und erkalten lassen. Dann die braunen Häutchen abreiben. Die Nüsse in einen Gefrierbeutel geben. Mit der Kuchenrolle mehrmals darüberrollen und so die Nüsse grob zerkleinern. In eine flache Schüssel schütten.
Die Backoblaten nebeneinander auf die Arbeitsfläche legen. Die Makronenmasse in einen Spritzbeutel füllen und auf jede Backoblate 6 gleich große Hörnchen spritzen. Die Backoblaten vorsichtig umdrehen und die Hörnchen in die zerkleinerten Haselnüsse drücken, dann auf das Backblech legen. Die restlichen Nüsse auf

die Hörnchen streuen. Bei 200° C ca. 15–18 Min. backen.
Die Hörnchen auskühlen lassen und die überstehenden Oblaten abbrechen. In der Zwischenzeit aus Mandeln, Honig und Kakao ein Marzipan herstellen. Dieses zwischen 2 Blatt Backpapier ausrollen, in Streifen rädeln und die Enden der Hörnchen ca. 3 cm hoch damit einhüllen.

In Österreich bekommen die Kinder einen Zwetschgenmann. Da die Trockenfrüchte nicht nur gesund sind, sondern auch sehr gut schmecken, ist diese Sitte auch für uns empfehlenswert.

Vanillekipferl

Zutaten:
375 g frisch gemahlener Weizen
280 g gemahlene Haselnüsse
250 g Butter, 100 g Honig
3 Messerspitzen Vanille, 1 Ei

Zum Wälzen: gemahlene Mandeln, Vanillepulver

Zubereitung:
Den Weizen mit den Haselnüssen, der Butter, dem Honig, der Vanille und dem Ei vermischen und kneten. Dann ca. 5 cm lange, kleinfingerstarke Stränge formen, diese in gemahlenen Mandeln und Vanillepulver wälzen und in Kipferlform bringen.
Auf ein mit Backpapier belegtes Blech setzen und auf der mittleren Schiene 15–20 Min. bei 180° C backen.

Baumkuchen-Stern, S. 78. ▷

Der Stern

Er bedeutet zweierlei. Er ist dem alten Glauben nach das Sinnbild für die Jahreszeiten, erinnert aber auch an die Spitze der Tanne und an den Stern, der die drei Weisen nach Bethlehem geführt hat.

Baumkuchen-Stern

Zutaten:
250 g Butter
200 g Honig
5 Eier, Abrieb von einer Zitrone
125 g frisch gemahlenes Buchweizenmehl
125 g Speisestärke
1 Eßl. Rum
50 g gehackte Mandeln

Zubereitung:
Die Butter mit dem Honig schaumig rühren und nach und nach die Eier zugeben. Dann die restlichen Zutaten untermengen und alles zu einem Teig verarbeiten.
Eine Sternform mit Butter einfetten. Eine Schicht Teig hineinstreichen und bei 200° C 10–15 Minuten backen. Die nächste Schicht daraufstreichen und so weiter verfahren, bis kein Teig mehr übrig ist. Der Stern kann mit dunklem Honigmarzipan (mit Kakao gefärbt) überzogen und mit Pistazien oder halbierten Mandeln verziert werden.

Tip: Jede normale Springform kann verwendet werden, wenn keine Sternform vorhanden ist.

Honigmarzipan mit Kakao

Zutaten:
200 g gemahlene Mandeln
100 g Honig
1 Teel. Kakao

Zubereitung:
Die Mandeln, den Honig und den Kakao in der Moulinette zu einem Marzipan verarbeiten. Damit den Stern überziehen.

Wenn die Kinder artig sind

Wenn die Kinder artig sind,
Kommt zu ihnen das Christkind;
Wenn sie ihre Suppe essen
Und das Brot auch nicht vergessen.

Wenn sie, ohne Lärm zu machen,
Still sind bei den Siebensachen,
Beim Spaziergehn auf den Gassen
Von Mama sich führen lassen,
Bringt es ihnen Guts genug
Und ein schönes Bilderbuch.

Heinrich Hoffmann

Weihnachtstorte

Zutaten:
250 g Butter
200 g Honig
4 Eier
etwas Salz
250 g frisch gemahlener Weizen
1 Päckchen Backpulver

Füllung:
10 Eigelb
200 g Honig
1 Tasse starker schwarzer Kaffee
40 g Kakao
250 g weiche Butter
1 Tasse in Rum eingelegte Rosinen

Zubereitung:
Die Butter schaumig rühren. Nach und nach den Honig, die Eier und das Salz hinzugeben. Den Weizen mit dem Backpulver vermengen und unter den Teig heben. Aus dem Teig etwa acht Böden herstellen.
Knapp 2 Eßlöffel des Teiges werden in eine Springform von 26 cm ∅ gestrichen (darauf achten, daß der Teig am Rand nicht zu dünn ist, damit der Boden nicht zu dunkel wird). Jeden Boden ohne Springformrand backen, bis er hellbraun ist.
175–195° C etwa 8–10 Minuten.
Sobald die gebackenen Böden abgekühlt sind, mit der Füllung bestreichen. Jeweils den nächsten Boden daraufsetzen und ebenfalls bestreichen. Die oberste Schicht muß aus einem Boden bestehen.
Für die Füllung die Eigelbe, den Honig, den Kaffee und den Kakao in einer Edelstahlschüssel über Wasserdampf zu einer dicklichen Creme schlagen, erkalten las-

sen. Die Butter schaumig rühren, die Rumrosinen zugeben, nach und nach die erkaltete Creme unterrühren. Die Torte zum Schluß oben und am Rand mit der restlichen Creme bestreichen und mit Schokoladenraspeln bestreuen. Oder auf die Creme Mandelblättchen streuen und mit Schokoladen-Tannenbäumchen dekorieren (siehe Abb. S. 52/53).
Danach sehr kalt stellen.

Variante:

2 Bleche mit dem Teig bestreichen und backen. Einen abgekühlten Boden mit der Creme bestreichen, den zweiten darauf setzen. Ins Gefrierfach stellen. Kleine quadratische Kuchen davon schneiden.

Weihnachten

Markt und Straßen stehn verlassen,
Still erleuchtet jedes Haus.
Sinnend geh ich durch die Gassen,
Alles sieht so festlich aus.

An den Fenstern haben Frauen
Buntes Spielzeug fromm geschmückt;
Tausend Kindlein stehn und schauen,
Sind so wunderstill beglückt.

Und ich wandre aus den Mauern
Bis hinaus ins freie Feld,
Hehres Glänzen, heil'ges Schauern!
Wie so weit und still die Welt!

Sterne hoch die Kreise schlingen;
Aus des Schnees Einsamkeit
Steigt's wie wunderbares Singen:
O du gnadenreiche Zeit!

Joseph von Eichendorff

Der Zopf

Der Zopf ist das Symbol für ein altes Haaropfer, das auch zum Totenzeremoniell gehörte. Wird der Zopf zum Kranz geschlossen, zum Kranzkuchen, zum Kringel, zum Adventskranz, so wiederholt sich das Symbol des Alten und Absterbenden, das sich mit dem Neuen und Nachwachsenden zum ewigen Kreislauf verbindet.

Zutaten:
500 g frisch gemahlener Weizen
1 Hefewürfel
2 Eier
80 g Butter
2 Eßl. Honig
1 Prise Salz
150–170 ml Sahne
100 g Rosinen

Zum Bestreichen:
1 Eiklar

Zubereitung:
Den frisch gemahlenen Weizen mit dem Hefewürfel, den Eiern, der Butter, dem Honig, dem Salz, der Sahne und den Rosinen zu einem glatten Teig verkneten.
Den Teig 30 Minuten ruhen lassen.
Danach in drei gleich große Teigstücke teilen und einen Zopf flechten.
Mit Eiklar bestreichen und bei 180–200° C 20–30 Minuten backen.

31. Dezember

Der heilige Silvester war in der Zeit nach den Christenverfolgungen Papst und Bekenner unter dem ersten christlichen Kaiser Konstantin dem Großen. Es war die Periode des Friedens. So ist er der Heilige zum Anbruch eines neuen Jahres.

Man schloß das alte Jahr aufgeräumt ab. Ich erinnere mich, daß mein Vater am Morgen des 31. 12. seinen Schreibtisch aufräumte, und wir Kinder wurden ebenso angehalten, unsere Schränke in Ordnung zu bringen.

Wenn dann die Großeltern und Tanten zum festlichen Abend erschienen, waren wir Kinder frisch gebadet und hatten neue Kleidchen an.

Der Tisch war mit Bleifiguren, Knallbonbons, den Glücksbringern Hufeisen, Schweinchen, vierblättrigen Kleeblättern und Glückspilzen geschmückt.

Bis kurz vor 24 Uhr ging es ausgesprochen fröhlich zu. Danach wurde es ernst. Die Ansprache im Radio, das Glockenläuten, die Ansprache meines Vaters, der, nachdem er uns allen zugeprostet hatte, sein Glas unter dem Motto „Scherben bringen Glück" ins Zimmer warf, das alles fand ich nicht so lustig.

Erst der Sprung ins neue Jahr belebte meine Geister. Dafür wurden zwei Stühle nebeneinander gestellt. Wir sprangen über diese hinweg ins neue Jahr. Es wurde Blei gegossen und die sich zufällig ergebenden Figuren gedeutet. Wir stellten uns mit dem Rücken gegen die geöffnete Tür und schleuderten den Schuh mit dem Fuß über den Kopf. Zeigte der Schuh dann mit der Spitze ins Zimmer, so blieb der Betreffende auch dieses Jahr noch daheim. Zeigte die Spitze aus dem Haus hinaus, so bedeutete das den Auszug.

Bevor man ins Bett ging, gab es noch eine Neujahrsbrezel mit Butter.

Weihnachts- und Neujahrsbrezel

Zutaten:
500 g feinstgemahlenes Weizenvollkornmehl
125 g Butter
1/4 l lauwarme Milch
1/2 Teel. Salz
1 Würfel Hefe

Zum Bestreichen:
1 Eigelb mit
1 Eßl. Sahne verrührt

Zubereitung:
Aus den Zutaten einen Hefeteig herstellen. Dabei zuerst alle Zutaten in einer Schüssel zusammenkneten. Dann auf einem Tisch weiterkneten und werfen, bis der Teig eine glatte Oberfläche hat. Das Motto dabei heißt: je länger – je lieber, um so besser wird der Teig.
Eventuell muß noch ein wenig Milch eingearbeitet werden, das hängt von der Trockenheit des Getreides ab.
Der Teig soll nicht länger als 25 Minuten ruhen! Sonst reißt er beim Backen, was unschön aussieht.
Nach 25 Minuten Teigruhe den Strang an den Enden schmaler zulaufend rollen. Dann den dicksten Teil der Rolle auf das gebutterte Blech legen und den Rest der Rolle zu einer Brezel auf dem Blech formen.
Nochmals „kurz" ruhen lassen, mit Eigelb-Sahne-Gemisch bestreichen und bei 190° C ca. 35 Minuten backen.

Schweizer Neujahrs-Cremeringe

Zutaten:
1/2 l Wasser
60 g Butter
200 g frisch gemahlener Weizen
4 Eier

Für die Füllung:
1/4 l Schlagsahne
50 g Honig
1 Messerspitze Vanillepulver
50 g gehackte Mandeln
50 g kleingeschnittene Rosinen

Zubereitung:
Zwei Backbleche mit Backpapier auslegen.
Das Wasser mit der Butter zum Kochen bringen. Das Vollkornmehl ins kochende Wasser schütten und rühren, bis sich der Teig vom Topfboden löst. Den Teig in eine Schüssel geben, etwas abkühlen lassen und nacheinander die Eier unterziehen. Den Teig in einen Spritzbeutel geben und ca. 32 kleine Ringe auf die Bleche spritzen.
Bei ca. 180° C etwa 20 Minuten backen.
In der Zwischenzeit die Sahne steif schlagen, den Honig, das Vanillepulver, die Mandeln und die Rosinen untermengen. Die abgekühlten Ringe waagerecht halbieren und mit der Sahne füllen.

Baltische Neujahrsstopfkuchen

Ein baltischer Freund erzählte mir, wie herrlich die Stopfkuchen schmecken. Es war der Traum seiner Kindheit. Da er zu den Freunden zählt, die heute eine Seltenheit geworden sind, wollte ich ihn, auf Vollwertkost versteht sich, damit verwöhnen.
Geheimnisvoll wirkten wir in der Küche und stellten uns das „Aha“-Gefühl vor. Als er jedoch unser serviertes Gebilde nicht einmal erkannte, war unsere Enttäuschung groß.
Die Vollwertbäckerei sieht eben doch oft anders aus. Deswegen sollte man sich aber nicht entmutigen lassen, denn zu unserem Trost meinte der Balte: „Ich weiß zwar nicht, mit was ihr mich überraschen wolltet, aber das Zeug schmeckt verteufelt gut.“

Zutaten für 6 Rosinenbrötchen:
300 g frisch gemahlener Weizen
25 g Butter
1/2 Würfel Hefe
1 Ei
75 g ungeschwefelte Rosinen
1 Eßl. Honig
knapp 1/4 l lauwarmes Wasser

Zum Bestreichen:
1 Eigelb
1 Eßl. saure Sahne

Zubereitung:
Aus dem Weizen, der Butter, der Hefe, dem Ei, den Rosinen, dem Honig und dem Wasser einen Teig bereiten. Diesen an einem warmen Ort etwa 30 Min. gehen lassen.

Danach 6 gleich große Brötchen formen, die man am besten in ausgebutterten Förmchen bei 250° C 30–40 Minuten bäckt.
In der Zwischenzeit die Füllung für den Stopfkuchen zubereiten.

Zutaten zur Füllung:
1/8 l süße Sahne
2 Eßl. Rosenwasser
1 Messerspitze Vanille
50 g gehackte Mandeln
Abrieb von einer Zitrone
50 g Rosinen
2 Eigelb

Zubereitung:
Alle Zutaten zusammen in einen Kochtopf geben und bei kleiner Hitze zu einem dicken Brei verrühren.
Wenn die Brötchen erkaltet sind, vorsichtig den Deckel abschneiden, aushöhlen und die Krumen auch in den Topf geben. Nun das Ganze in die Rosinenbrötchen füllen, den Deckel mit etwas Butter bestreichen, wieder aufsetzen und die Stopfkuchen noch einmal im Backofen überbacken.

Weihnachts- und Neujahrsbrezel, S. 84, Schweizer Neujahrs-Cremeringe, S. 85, Baltische Neujahrsstopfkuchen, S. 86/87. ▷

PROSIT NEUJAHR
PROSIT NEUJAHR

Kleines Nachwort

Ist der Gaumen angenehm überrascht? Dann holen Sie sich Ihr eigenes Kochbuch. Es hat noch lange nicht ausgedient und kann modifiziert werden:
Zucker wird durch Honig ersetzt; anstelle des üblichen Mehls verwenden Sie frisch gemahlenes Vollkornmehl. Konservierungsstoffe und künstliche Backaromen werden gestrichen. Es gibt natürliche Backzutaten!
Zimtsterne, Butterbackwerk – oder was es auch immer sein mag – lachen Sie förmlich an.
Schürze um, und das Experimentieren kann beginnen. Da Honig einen intensiven Eigengeschmack hat und meist flüssiger als Zucker ist, verwenden Sie weniger Flüssigkeit oder mehr frisch gemahlenes Vollkornmehl (noch besser: gemahlene Nüsse; das ist ein Geheimtip). Man kann auch reichlich Zitronensaft und die geriebene Schale einer ungespritzten Zitrone nehmen. Vermeiden Sie auch Marmeladen und Gelees als Verzierung. Natürlicher ist Sanddorn, mit Honig gesüßt – oder gar tiefgefrorene Früchte, die Sie – auch mit Honig – durch ein Sieb streichen oder im Mixer zerkleinern können. Auch Trockenfrüchtemus eignet sich sehr gut als Füllung.
Als Gewürze kann ich Ihnen Vanille, Zimt und Nelken, am besten frisch aus der Apotheke, empfehlen.
Verwenden Sie nur frisch gemahlenen Weizen. Das setzt voraus, daß Sie eine Getreidemühle haben. Vollkornmehl hat gesunderhaltende Eigenschaften. Ist Ihnen der Kleiegeschmack zu dominierend, sieben Sie das Mehl und verwenden Sie die Kleie für Ihren täglichen Frischkornbrei.
Bestreichen Sie Ihr Vollwert-Gebäck mit Eigelb, mit steif geschlagenem Eiklar, dem etwas Honig, Zitronensaft oder -schale zugefügt werden, oder Sie mischen gemahlene Nüsse mit Eigelb.
Lassen Sie Ihrer Fantasie freien Lauf!

Rezepte von A bis Z